MW01715307

DÉLIRONS AVEC LÉON 17

PAR

ANNIE GROOVIE

Liste d'activité

Uno ☐

tournois ☐

Jeux pop-it ☐

b.hop-pro meilleur score ☐

Léon

Merci à
Julie Payette,
une personnalité
inspirante !

Léon

EN VEDETTE :

LÉON › NOTRE SUPER HÉROS

Le surdoué de la gaffe, toujours aussi nono et aventurier.

LOLA ›

La séduisante au grand cœur.
Son charme fou la rend irrésistible.

LE CHAT ›

Fidèle ami félin plein d'esprit.
On ne peut rien lui cacher.

CHERS LECTEURS,

Peut-être vous souvenez-vous du **Deuxième** numéro de *DÉLIRONS AVEC LÉON* ? Pour vous rafraîchir un peu la **mémoire**, c'est celui dans lequel il y a, entre autres, des **trucs de séduction** ! Ah, ça vous dit quelque chose maintenant ! Je le savais.

Eh bien, plus besoin de vous l'arracher ou de vous ***démener*** pour le trouver afin d'apprendre ces fameux **TRUCS** car, à la demande générale, nous vous en proposons d'autres dans ce **Livre** ! Parce qu'au fond, ça ne peut pas nuire de connaître quelques ***TRUCS*** pour séduire… et sait-on jamais, Léon sera peut-être à l'origine de vos plus belles histoires d'**amour**.

Et comme, parfois, on peut aussi être **SÉDUIT** par quelque chose, découvrez le métier d'astronaute avec **JULIE PAYETTE**. Elle est la vedette de la toute nouvelle chronique sur les personnalités québécoises **célèbres**. Vous verrez, son parcours est vraiment **fascinant** et très **inspirant**. Car, entre vous et moi, qui n'a jamais rêvé de marcher sur la **Lune** un jour ?

Voilà, je ne vous en dis pas plus, je ne peux quand même pas tout vous *révéler* !

Allez, bonne lecture,

AnnieGroovie

Table des matières

L'amitié,
ça se cultive !
?!

PLEINE LUNE

Tiens ! La Lune est pleine !
Pleine ? Comment tu sais ça ?
?
Facile, elle est toute ronde !
Même si elle est ronde...
... ça ne veut pas dire qu'elle a trop mangé !
!

Savais-tu que Lola tenait vraiment beaucoup à ses robes ?
?
Non !
Oui, au point qu'elle a engagé une personne pour les surveiller !
Ah oui, t'es sûr de
C'est elle-même qui me l'a dit...
... elle a une garde-robe !
!

SALADE ?

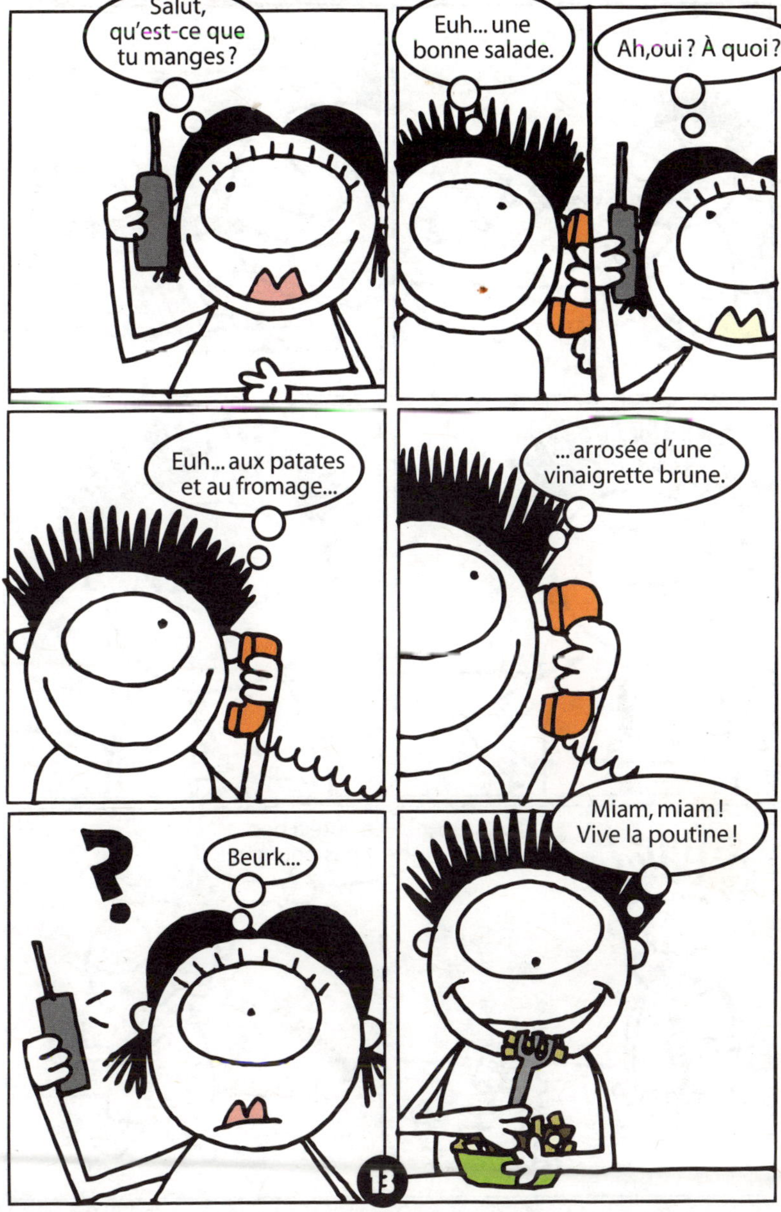
Salut, qu'est-ce que tu manges ?
Euh... une bonne salade.
Ah,oui ? À quoi ?
Euh... aux patates et au fromage...
... arrosée d'une vinaigrette brune.
?
Beurk...
Miam, miam ! Vive la poutine !

FLÛTE ALORS !

BOUCHE BÉE...

Mon sandwich n'est pas très bon...
Il goûte la vieille chaussette sale !
Comment tu le sais ?
?
!
Tu en as déjà mangé ?

BONNE IDÉE !

INTÉRESSÉE ?

Parle-moi de toi.
Euh... je suis végétarien.
Ah, oui ? Depuis quand ?
Depuis toujours...
!
... j'aime bien végéter.

NAPO... LÉON !

Enfin célèbre.
J'ai ma statue !
SPLOUSH !
Beurk...
Tiens, ce perchoir me
rappelle quelqu'un...
!

FAIM DE LIVRE

PAS LE TEMPS !

Salut Léon !
As-tu l'heure, stp ?
Oui, mais c'est 1$!
1$ pour avoir l'heure ?
?!
Ah, tu ne connais pas l'expression ?
Le temps, c'est de l'argent !

PAUSE PUB

TOURNEZ LA PAGE

La Cuit Hier
L'ustensile idéal pour manger vos restants !
Restants non compris

DOÙCÉQUECÉQUEÇAVIENT ?

POUR CONNAÎTRE L'ORIGINE DES CHOSES...
SELON LÉON ET SELON LES EXPERTS !

LE SANDWICH

QUI DIT VRAI ?

A. Le comte de Sandwich, John Montagu, qui vivait en Angleterre au début du 18e siècle, était un homme politique occupé. Il travaillait sans arrêt, ce qui lui laissait peu de temps pour manger. Un jour, alors qu'il avait un creux, il demanda à sa secrétaire de lui apporter quelque chose de consistant et de nourrissant. Terrorisée à l'idée de le décevoir, elle composa un plat à partir de ses aliments favoris : quelques morceaux de bœuf entre deux tranches de pain. Il pourrait bien se nourrir de ça tous les jours sans avoir à quitter son bureau ! Le comte devint donc un adepte de ce petit encas auquel il donna le nom de sandwich !

B. Dans les années 1970, en pleine fièvre du disco, Jean-Pierre Lazaro, un résidant de Laval, attendait son 40e anniversaire avec impatience. Le jour J, tout se déroulait à merveille, à l'exception de la préparation du buffet. Le traiteur n'arrivait pas. Le boulanger et le boucher étaient venus porter le pain et la viande, mais il n'y avait personne pour s'occuper du repas. Jean-Pierre piqua une colère noire : les pains et la viande valsèrent dans la salle. Après s'être calmé, il constata les dégâts et aperçut une tranche de viande qui avait atterri entre deux petits pains. Il trouva la combinaison géniale et décida de confectionner ce mets pour tous ses invités !

Source : Wikipédia

Les clowns

Qui dit vrai ?

A. Dans les années 1950, les habitants de Clown, un petit village de Guyane, inventèrent une crème solaire pour se protéger des rayons UV. Le seul problème était que celle-ci était d'un blanc opaque et qu'elle cachait complètement les traits de leur visage. Afin qu'on distingue bien leurs dents, ils appliquèrent sur leurs lèvres une autre crème qui, elle, était d'un rouge pompier. Les résidants de Clown se promenèrent donc avec le visage peint en blanc et de grosses lèvres rouges. Quand on les croisait, on se disait : « Tiens, voilà un Clown ! »

B. Les spectacles équestres existent depuis plusieurs centaines d'années. Au début, il s'agissait de la seule attraction dans les villages. Voyant que plusieurs personnes s'y endormaient, un promoteur de spectacles décida d'y ajouter des garçons de ferme pour divertir le public entre les numéros. Ces garçons étaient souvent vêtus de façon épouvantable, en plus d'être malhabiles : ils tentaient de monter sur des chevaux ou de les attraper, sans succès. Les gens riaient en voyant ces bouffons tomber et courir dans tous les sens. Au fil des années, ces garçons furent remplacés par des comédiens, et les numéros continuèrent d'évoluer et de ravir petits et grands.

Source : Wikipédia

Vos prénoms parlent... mais que disent-ils ?

Dépendamment de leurs origines et de leurs racines, les prénoms feraient en sorte que ceux qui les portent ont certains traits de personnalité. Que savez-vous du vôtre ? Pour vous amuser un peu, voici les caractéristiques associées à quelques-uns d'entre eux. Voyez si ça vous ressemble !

Les filles...

AUDREY > Discrète, elle évite de déranger. Elle a beaucoup d'ambition et une volonté de réussir à toute épreuve. En fait, sa tête est aussi dure qu'une grosse roche !

CAMILLE > Elle aime beaucoup l'aventure et les nouvelles découvertes. Si vous la rencontrez, faites attention : son énergie et son beau sourire sont contagieux...

CATHERINE > Elle est timide en public, mais elle n'a pas la langue dans sa poche quand elle est avec ses amis. Elle adore voyager : sa tête est remplie de belles contrées à visiter.

ÉMILIE > Très décidée, elle n'a pas froid aux yeux et elle sait toujours où elle s'en va. La prochaine fois que vous perdrez votre chemin, n'hésitez pas à le lui demander !

GABRIELLE > Avec son grand cœur, elle fera tout pour défendre les autres, même si pour cela elle doit se fâcher. On lui pardonne ses colères, car elle est tellement généreuse avec ses amis...

LAURENCE > Avec son énergie débordante, elle est incapable de rester en place plus de cinq secondes. Ça doit être pour cette raison qu'elle adore courir le marathon !

LÉA > Très sensible à la souffrance des gens, elle s'implique souvent dans des causes humanitaires. Allez : ce n'est pas si loin, l'Afrique, et il y a tellement de travail à faire là-bas !

MAUDE > Courageuse, elle a toujours plein de projets en tête et elle est difficile à arrêter ! Elle a une passion pour la vie qu'elle transmet à tous ses amis.

MÉGAN > De nature fière et indépendante, elle ne laisse personne indifférent. C'est bien ainsi car, pour elle, l'amour est essentiel. Il est au centre de sa vie !

NOÉMIE > Pour elle, l'amitié est sacrée. Elle adore argumenter et défendre son point de vue. Ne vous obstinez surtout pas avec elle, car elle ne vous laissera pas gagner !

SABRINA > Cette ambitieuse au cœur tendre n'attend jamais avant d'agir. Très peu stressée, elle assume tout ce qu'elle fait, même si, parfois, cela la met dans l'embarras.

SARAH > Charmante et généreuse, elle est très dévouée ; elle aime les gens, sait les écouter et a toujours de bons conseils à leur donner.

Les garçons...

ALEXANDRE > De nature combative, il a de la facilité à communiquer. On ne s'étonne pas qu'il ait toujours beaucoup de questions à poser...

ANTHONY > C'est un garçon secret au cœur tendre. Son imagination est débordante. Il fait fréquemment de petits voyages sur la Lune... dans sa tête, bien sûr !

FÉLIX > Très curieux, il est passionné par tout ce qui lui permet d'apprendre. Sa mémoire d'éléphant lui est donc très utile : grâce à elle, il retient tout ce qui l'intéresse !

JÉRÉMIE > C'est avant tout un grand aventurier, toujours prêt à vivre des émotions fortes. Il a le tempérament parfait pour voyager.

MAXIME > Rien ne peut l'arrêter ! Il a mille et un projets en tête, parfois un peu compliqués, qu'il finit toujours par réaliser.

NICOLAS > Il est toujours prêt à écouter les autres et il aime bien se perdre dans des histoires. Ce doit être pour ça qu'il aime se retrouver seul avec un livre !

OLIVIER > On dit de lui qu'il a une petite tendance à la gourmandise, peut-être parce que son nom et le mot « olive » viennent de la même racine...

SAMUEL > Doté d'un caractère bouillant, il adore diriger les autres et n'aime vraiment pas les mensonges... N'essayez surtout pas de lui passer un sapin !

THOMAS > Grâce à sa grande patience, il arrive toujours à mener ses projets à terme. Il ne faudrait pas lui demander de compter les grains de sable dans le désert...

VINCENT > Avec sa force de caractère, c'est un leader-né. Toujours gentil, il sait user de douceur pour se faire respecter.

WILLIAM > De nature réservée, il réfléchit avant de parler. Mais cela ne l'empêche pas de défendre ses idées : lorsqu'il est convaincu, il est difficile à arrêter !

XAVIER > Travaillant et serviable sont deux qualificatifs tout désignés pour lui. Après la prochaine tempête de neige, si vous avez besoin d'aide pour pelleter, vous saurez qui appeler...

Devinettes

Pourquoi les maisons d'Angleterre résistent-elles mal aux tremblements de terre ?

Parce qu'elles sont en glaise.

Comment appelle-t-on un couple de squelettes qui discutent ?

Des os parleurs.

Quel légume est le plus gourmand ?

Le pois mange-tout.

Comment appelle-t-on un porc qui vole ?

Un aéroport.

Pourquoi les dessinateurs sont-ils de bons pêcheurs ?

Parce qu'ils tirent souvent des lignes.

Qu'est-ce que deux couturières se dicent quand elles se croisent ?

« Ça file ? »

Avec quoi mange-t-on des restants ?

Une « cuit-hier ».

Qu'est-ce que deux crabes font quand ils se voient ?

Ils se serrent la pince.

Quelle tarte est la plus dure ?

La tarte aux mûres.

Qu'est-ce que deux crayons se disent lorsqu'ils se rencontrent ?

« T'as bonne mine ! »

Trucs de séduction POUR FILLES

AVERTISSEMENT : Ces trucs de séduction sont en fait les conseils d'une bonne amie qui est, comme on dit, déjà passée par là. Ils pourraient donc s'avérer ultra-efficaces pour vous... ou ne pas l'être du tout. Si vous n'êtes pas d'accord avec ces propos ou s'ils vous offusquent, ne soyez pas fâchées : après tout, on ne fait que s'amuser un peu !

1. *Intéressez-vous à ce qui l'intéresse !*

Parlez-lui des choses qu'il connaît. Est-ce qu'il a un groupe de musique préféré ? Même si celui-ci s'appelle Les Gargouilles Grincheuses, demandez-lui de vous prêter son disque. D'ailleurs, c'est souvent un bon indice : si vous n'avez pas du tout les mêmes goûts en matière de musique, peut-être n'êtes-vous pas faits l'un pour l'autre...

2. *Devenez amis !*

Parfois, l'amour naît d'une belle amitié ! Plutôt que de lui demander tout de suite de sortir avec vous, je vous suggère donc de passer du temps avec lui en faisant diverses activités, comme du patin à roues alignées. Si jamais ça ne fonctionne pas sur le plan amoureux, vous aurez au moins gagné un ami...

3. *Ne soyez pas trop insistantes.*

Pour qu'un garçon s'attache à vous, il faut que vous lui manquiez, et pour ça... vous ne devez pas être tout le temps avec lui ! C'est comme ça qu'il commencera à vous voir dans sa soupe, dans ses spaghettis, etc. Sans être trop distantes, ne dites pas oui à tout ce qu'il propose et continuez à voir vos propres amis. Vous n'êtes pas obligés d'être toujours ensemble...

4. *Mettez-le à l'aise !*

Certains gars sont plus gênés que d'autres. Celui qui vous intéresse sait peut-être déjà qu'il vous plaît, mais il ignore totalement quoi faire de cette information. En fait, chaque fois qu'il vous voit, il est partagé entre le goût de vous parler... et celui de s'enfuir en courant. Mais ça ne veut pas dire que vous ne lui plaisez pas ! Faites des blagues, détendez l'atmosphère. Il finira bien par s'ouvrir à vous.

Trucs de séduction

POUR GARÇONS

***AVERTISSEMENT :** Chers messieurs, j'ai eu envie de vous offrir quelques conseils féminins judicieusement choisis. J'espère qu'ils sauront vous arracher un sourire...*

1. *Les bonnes manières.*

Oui, entre gars, vous pouvez parler la bouche pleine, cracher par terre ou même faire des concours de rots ! Mais en présence d'une dame, surtout si vous voulez la charmer, croyez-moi : NE FAITES PAS ÇA ! Du point de vue d'une fille, c'est complètement dégoûtant. Au mieux, elle admirera votre technique de rots, mais il est peu probable qu'elle accepte par la suite de sortir avec vous.

2. *N'oubliez pas que c'est une fille !*

C'est vrai ! Par exemple, si vous saluez vos amis en leur donnant une « bine » sur l'épaule, il est peu probable que la demoiselle de vos rêves apprécie que vous lui fassiez la même chose. Elle aimerait certainement mieux être traitée avec délicatesse. Pour les filles, un bleu sur l'épaule n'est pas une marque d'amour...

3. *Soyez attentionnés !*

Pensez à elle même quand vous n'êtes pas ensemble. Faites-lui une surprise en lui achetant un petit cadeau, comme une tablette de chocolat ou un ours en peluche. C'est l'intention qui compte, pas le montant que vous dépensez...

4. *N'ayez pas peur !*

Une fille, ça ne mord pas ! Il ne faut pas avoir peur de l'aborder parce que vous la trouvez trop bien pour vous ou pour une autre raison du genre. Foncez ! La gent féminine aime les garçons entreprenants ! On ne vous demande quand même pas d'escalader l'Everest... Allez ! À *go*, fermez le livre (vous le finirez plus tard) et courez lui parler ! 1... 2... 3... *go* !

Énigme

Il n'y en a qu'un seul dans
une minute
et deux dans une heure.

De quoi s'agit-il ?

Réponse à la page 84

AH, LA CHICANE !

GROS PROBLÈME...

RIEN À FAIRE...

Lola, ça va ?
!?
Tu boudes ?
Pourquoi tu boudes ?
J'sais pas.
!
Bon, je crois que je vais y aller, moi.

NOBLE INVENTION

DÉFUNTE ROBE

ÇA VA ?

Ça va pas là-dedans ?
@#?!
Mais qu'est-ce qui te prend ?
J'en ai assez de tes conneries !
T'as compris cette fois ?
@#?!
T'es mieux de pas recommencer.
?!
Je pense que j'ai perdu le contrôle...

VAS-Y, CONTINUE !

D'ACCORD ?

Je ne suis pas d'accord avec toi.
Non, **JE** ne suis pas d'accord avec toi.
Non, c'est moi.
Ah, non, c'est **MOI** !
On est donc d'accord qu'on n'est pas d'accord ?
Oui.
On est au moins d'accord là-dessus.
!

TOUJOURS PRÊT !

VIRELANGUES

Essayez de répéter ces courtes phrases le plus rapidement possible sans bafouiller...

Foie gras d'oie froid,
foie gras d'oie froid...

Papier piano panier,
papier piano panier...

Combien de sous
sont ces saucissons-ci ?
Ces saucissons-ci
sont six sous.

Ton thé t'a-t-il
ôté ta toux ?

Artichaut
archi chaud.

QUE FAIRE DE VOS 10 DOIGTS À PART JOUER À DES JEUX VIDÉO...

APPRENEZ À FAIRE UN BALAI DE SORCIÈRE EN CORDE !

VOICI COMMENT PROCÉDER :

Pour débuter, il vous faut de la ficelle. Coupez-en un bout d'environ un mètre, puis nouez les deux extrémités ensemble afin de créer un grand cercle. Voilà, vous êtes prêts à commencer !

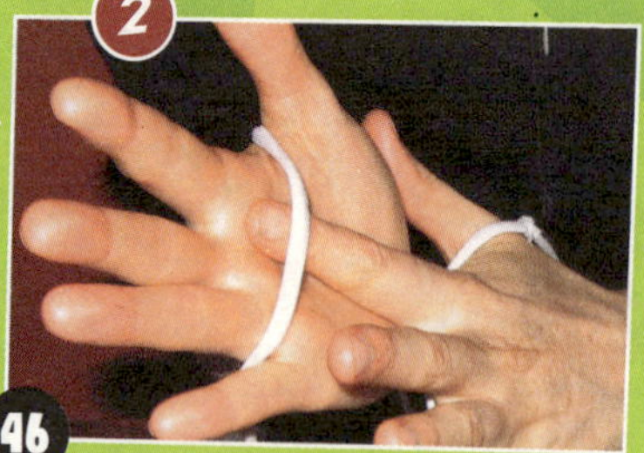

Placez d'abord la corde entre vos doigts (tel qu'indiqué sur la photo 1). Puis, avec l'index de la main gauche, allez saisir la ficelle dans l'autre main. N'allez pas trop vite...

Puis, à mi-chemin, arrêtez-vous.

Vous devez maintenant faire tourner la corde deux fois sur elle-même avec votre index.

Vous créerez ainsi une double torsade comme ici.

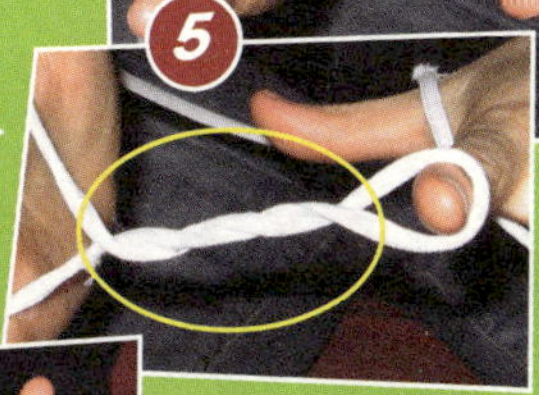

Après avoir fait vos deux tours, replacez vos mains comme sur la photo de gauche. Si tout va bien, vous êtes supposés obtenir ceci !

Suivez bien la prochaine étape : passez l'index de votre main droite, libre de corde, à l'endroit indiqué par la flèche, sous la corde verticale...

... comme ceci !

9

Voilà ! Vous obtenez le résultat suivant ! Reprenez votre souffle, ce n'est pas terminé.

10

Prochaine étape : lâchez prise ! Libérez le pouce et le petit doigt de la main d'où vous venez de prendre la corde. Ne vous découragez pas, ça s'en vient !

11

Finalement, en tirant et en tournant, en même temps, vos mains à la verticale...

12

... tadam ! vous obtenez un magnifique balai de sorcière !

Il ne vous reste plus qu'à chevaucher son manche et à vous envoler ! Bon voyage...

TEST PERSO

Êtes-vous aventureux ?

C'est ce qu'on va voir !

1. Vous êtes en vacances avec vos parents au bord de la mer et vous êtes tanné de vous faire griller la bedaine. Vous êtes plutôt du genre à...

... demander à un de vos parents de vous accompagner pour aller vous baigner. ... partir seul à la recherche du plus beau coquillage ou de la plus grosse méduse. ... aller à la rencontre d'autres jeunes qui sont en train de faire un château de sable géant. ... faire comprendre à vos parents que vous en avez assez et que vous voulez partir.

2. C'est l'hiver ; vous passez une journée de congé avec votre meilleur ami et vous voulez profiter du beau temps. Vous êtes plutôt du genre à...

... partir en randonnée pédestre dans un sentier en espérant apercevoir des animaux sauvages. ... demander à vos parents d'aller vous reconduire à la patinoire du quartier.
... construire un fort en neige devant votre maison.
... essayer la planche à neige de votre grand frère sur la butte qui se trouve dans la cour du voisin.

3. **Une journée D'activités est organisée à votre école. Plusieurs choix vous sont offerts. Vous êtes plutôt Du Genre à...**

... choisir les quilles, car vous y avez Déjà joué quelques fois, et ça vous a plu. ... aller au bioDôme, parce que vous n'avez jamais vu à quoi ressemble la jungle et que ça Doit être fascinant ! ... participer à la journée De plein air, car c'est l'activité choisie par votre meilleur ami, et puis vous avez le Goût De jouer Dehors. ... rester à l'école, où vous pourrez «vedger» toute la journée!

4. **C'est le soir. Vous êtes seul à la maison pour quelques heures et vous entendez un bruit inhabituel provenant De l'extérieur. Vous êtes plutôt Du Genre à...**

... composer le 911 sans perdre une seconde !
... prendre un bâton De baseball en Guise De protection et à ouvrir Doucement la porte. ... allumer la lumière Du perron et à sortir sans prendre De précaution. ... attendre pour voir si les bruits se répétera et, si c'est le cas, à appeler vos parents.

5. **Un camarade De classe vous met au Défi De sauter Du plongeon le plus élevé. Vous êtes plutôt Du Genre à...**

... lui Dire la vérité et à lui avouer que vous avez peur Des hauteurs. ... aller jusqu'au bout Du tremplin, bien Décidé, pour finalement rebrousser chemin en Disant que vous êtes allergique au chlore. ... sauter sans hésitation pour l'épater. ... paniquer et à figer sur place, pour finalement vous faire secourir par le sauveteur.

6. Vous allez à la pêche avec votre père; il vous Donne le pot contenant les vers et vous Demande D'en accrocher un à l'hameçon. Vous êtes plutôt Du Genre à...

... enfoncer votre main jusqu'au fond Du pot, car vous aimez les textures visqueuses. ... fermer les yeux et à saisir un ver Du bout Des Doigts. ... refuser catégoriquement en Disant qu'il n'est pas question que vous touchiez à ça! ... Demander à votre père De le faire lui-même, sous prétexte que vous avez peur De vous piquer.

7. Vous allez manger chez votre tante, qui vous sert Des escargots en entrée. Vous n'en avez jamais vu Dans une assiette! Vous êtes plutôt Du Genre à...

... vous inventer une allergie soudaine aux escargots. ... vous en mettre un Dans la bouche sans hésiter, car c'est toujours agréable De goûter à De nouveaux aliments. ... prenDre une bouchée sans savoir De quoi il s'agit et à la rouler longuement Dans votre bouche après que votre tante vous a Dit que c'est un escargot. ... repousser l'assiette avant même D'y avoir goûté parce que c'est trop... Dégueu!

8. Vous regardez un Globe terrestre. Vous êtes plutôt Du Genre à...

... essayer De situer l'endroit précis où vous habitez. ... fermer les yeux, à Désigner Du Doigt un pays au hasard et à vous promettre D'aller le visiter un jour. ... tenter De trouver le pays Dont le nom finit en «an» Dont vous avez entendu parler aux nouvelles. ... Demander De l'aide à quelqu'un, car vous n'avez jamais compris comment vous situer sur une carte Du monde.

9. Vous faites du ski ou de la planche à neige toute une journée avec un copain. Vous êtes plutôt du genre à...

... vous tenir dans les pistes les plus faciles, car vous ne voudriez pas qu'il vous arrive un accident. ... passer la journée dans les sous-bois, car c'est là que se trouvent tous les meilleurs sauts. ... demander à l'employé installé dans la cabine, au sommet, quelles pistes sont les mieux adaptées à vos capacités. ... choisir une piste difficile dès le début pour impressionner votre ami.

10. Vous jouez au ballon-chasseur pendant la récréation. Vous êtes le dernier survivant de votre équipe. Vous êtes plutôt du genre à...

... essayer d'attraper le ballon même sur les lancers les plus forts puisque vous n'avez plus rien à perdre! ... user de diverses tactiques comme tenter de déconcentrer les membres de l'autre équipe en leur criant des trucs insolites. ... éviter par différents mouvements les tirs de vos adversaires sans jamais toucher au ballon. ... vous faire éliminer exprès parce que vous avez trop peur!

Résultats :

Vous avez obtenu une majorité de ▯ :

Aventureux, mais pas trop, et très rusé : voilà comment on pourrait vous décrire. Si vous n'avez pas toujours envie de partir à l'aventure, vous savez tirer avantage de chaque situation et surtout vous avez l'art de vous sortir du pétrin. Finalement, vous avez plus d'un tour dans votre sac, ce qui est un bon atout.

Vous avez obtenu une majorité de ■ :

Quel intrépide ! Vous aimez vraiment l'aventure. Tout ce qui est nouveau vous attire comme un aimant, car votre soif de découverte est beaucoup plus grande que celle de la majorité des gens. Vous serez sûrement un grand voyageur, mais faites attention : il faut tout de même user de prudence. Bonne chance !

Vous avez obtenu une majorité de ● :

Décidément, vous ne mentez jamais, et c'est une très belle qualité. Pourquoi faire semblant d'être aventureux lorsqu'on ne l'est pas ? Vous n'aimez pas courir des risques inutiles, et ce n'est pas plus mal ! Ainsi, vous évitez les ennuis, mais vous ratez parfois des occasions d'ajouter un peu de piquant dans votre vie.

Vous avez obtenu une majorité de ◆ :

Avec vous, tout dépend de l'humeur du moment. Parfois, vous êtes un aventurier à toute épreuve, mais vous n'hésitez jamais à vous avouer effrayé, car vous êtes très honnête. Vous vous questionnez constamment, ce qui vous amène la plupart du temps à poser des actions réfléchies.

Portrait d'une Québécoise célèbre :

l'astronaute Julie Payette

Êtes-vous déjà allés sur la Lune? Je ne parle pas d'avoir été DANS la lune durant vos cours de maths, bien sûr... Peut-être même rêvez-vous d'avoir pour métier de visiter l'espace? Après de longues études universitaires et beaucoup d'acharnement, Julie Payette, elle, a réalisé son rêve de devenir astronaute. En lisant ce qui suit, vous comprendrez vite que pour aller dans l'espace, il faut avoir les deux pieds bien sur terre! Julie nous en dit plus sur sa grande aventure. Prêts pour le décollage?

Julie Payette voit le jour à Montréal le 20 octobre 1963. Dès son jeune âge, elle fait des recherches sur l'espace et regarde les exploits des astronautes à la télévision, complètement fascinée. Pas étonnant qu'elle ait une photo de Neil Armstrong (le premier homme à être allé sur la Lune) sur la porte de sa chambre! Comme il n'existe pas d'école pour devenir astronaute, Julie choisit d'étudier en ingénierie. Personne ne sait à cette époque que la jeune femme se retrouvera un jour dans l'espace... Mais elle, elle en est convaincue. « Un jour, je partirai dans une fusée et je ferai le tour de la Terre pour contempler le monde », a-t-elle écrit dans l'annuaire de son université.

En 1992, Julie est l'une des 4 astronautes que l'Agence spatiale canadienne sélectionne parmi 5330 candidatures. Wow! Ce n'est pas pour rien qu'on la choisit: avec ses multiples expériences de travail et sa détermination, Julie a tout ce qu'il faut pour passer beaucoup de temps sur la Lune!

Eh oui! Julie est à l'intérieur de cette navette spatiale! Il s'agit de la navette *Discovery*, qui s'est envolée le 27 mai 1999 à 6 h 49 du matin.

Julie Payette pendant son entraînement militaire, dans la cabine de pilotage d'un CT-114 Tutor, à Moose Jaw, en Saskatchewan

En mai 1999, elle réalise son rêve de jeunesse : elle fait partie de la mission STS-96. Elle s'envole donc à bord de la navette spatiale *Discovery* et devient la première Canadienne non seulement à visiter la Station spatiale internationale, mais à y travailler. Qu'est-ce qu'elle y fait ? Elle poursuit l'aménagement et l'assemblage de la Station, un grand projet qui consiste à construire un laboratoire scientifique dans l'espace. C'est une tâche immense qui n'est pas encore terminée aujourd'hui et qui a, jusqu'à présent, nécessité une trentaine de vols de la navette spatiale.

Comment Julie occupe-t-elle son temps libre entre deux voyages dans l'espace ? Eh bien, en plus de prendre soin de ses deux enfants, elle pratique la course à pied, le ski, les sports de raquette et la plongée sous-marine. Elle n'explore pas seulement l'espace, mais aussi le fond des océans ! Elle joue également du piano et a longtemps chanté. En plus d'être une excellente sportive et une musicienne très douée, Julie parle français et anglais, et elle se débrouille en espagnol, en italien et en russe. Ça doit être mélangeant de connaître autant de langues…

Julie Payette en immersion dans une piscine d'entraînement. Ça a …ir cool, l'entraînement pour être …naute !

À l'heure actuelle, Julie se prépare pour une mission à bord de la navette *Endeavour* qui doit avoir lieu en avril 2009. Il s'agira du deuxième séjour dans l'espace de cette astronaute de 44 ans. La mission de 15 jours aura pour but de continuer la construction de la Station spatiale internationale. D'ici là, Julie doit suivre un entraînement très strict et bien se préparer. On lui souhaite la meilleure des chances !

Questions à Julie, en rafale

Comment se sent-on dans l'espace ?
Très bien, mais seulement une fois que le corps s'est adapté à l'apesanteur*. Il est très agréable de flotter dans une cabine spatiale !

Qu'est-ce que mangent les astronautes dans l'espace ?
Nous nous nourrissons très bien là-haut. Nous mangeons des aliments tout à fait normaux, comme des œufs brouillés, des légumes, des noix et des biscuits. La grande différence, c'est que tout est empaqueté avec soin dans des emballages en plastique bien scellés pour empêcher que la nourriture s'échappe et commence à flotter librement dans la cabine. Pour réduire le poids des aliments et aider à leur conservation, étant donné que nous n'avons pas de réfrigérateur à bord, nous utilisons de la nourriture déshydratée ; nous devons donc y ajouter de l'eau et attendre quelques minutes avant de la consommer.

Comment fais-tu pour dormir ?
Je dois me glisser dans un sac de couchage et le fixer au mur à l'aide d'un crochet pour éviter de dériver pendant mon sommeil. Je m'endors en flottant dans les airs. C'est très chouette ! Pour nous laver, nous nous servons de débarbouillettes que nous imbibons d'eau. C'est un peu comme en camping.

Questions à Julie, en rafale (suite)

As-tu déjà touché à une étoile?
Bien sûr que non! Toucher une étoile est physiquement impossible. D'abord, l'étoile la plus près de nous — notre Soleil — se situe à 150 millions de kilomètres de la Terre, et son diamètre est 110 fois plus gros que celui de notre planète. La température moyenne à sa surface est de 5500 degrés Celsius. Personne ne pourrait survivre à une chaleur aussi intense! Imaginez, c'est près de 20 fois la température maximale à laquelle votre four peut chauffer. Je ne peux qu'admirer les étoiles d'un peu plus près que la moyenne des gens…

As-tu déjà vu des extraterrestres?
Non. En fait, à ce jour, personne n'a vu d'extraterrestres dans l'espace. Cela dit, nous ne sommes probablement pas seuls dans l'univers. Celui-ci est immense, si bien que les probabilités qu'il y ait d'autres formes de vie quelque part sont très grandes. On ne sait jamais!

*Apesanteur: disparition des effets de la pesanteur terrestre, notamment à l'intérieur d'un engin spatial.

Note: Toutes les photos de cette chronique nous ont été cordialement prêtées par l'Agence spatiale canadienne 2008.

Saviez-vous ça ?

La musique peut aider à mieux digérer

Selon une étude effectuée par le réseau de musique Galaxie, les personnes qui écoutent de la musique calme en mangeant prennent moins de bouchées par minute que celles qui n'en écoutent pas. En effet, durant les heures de repas, ce genre de musique inciterait les gens à converser, donc à prendre plus de temps entre chaque bouchée. N'oubliez pas que la règle contraire s'applique également : plus le rythme de la musique est rapide, plus vous mangez de bouchées par minute, donc plus vous avez de chances d'avoir des maux de ventre !

TERRAIN DE JEUX

VOUS TROUVEREZ LES SOLUTIONS À LA PAGE 84.

UN MONSTRE S'EST FAIT COUPER LA TÊTE ! MAIS OÙ DONC SE TROUVE L'AUTRE MOITIÉ DE SON VISAGE, PARMI TOUTES CELLES-CI ?

A)

B)

C)

D)

E)

F)

G)

H)

DEUX MOTS SECRETS

Chaque lettre de la colonne de gauche est reliée par un point à un chiffre tout en haut. Ce chiffre correspond à une lettre de l'alphabet (ex. : 1 = a, 2 = b, etc.) Trouvez tous les groupes de deux lettres. Mettez-les ensuite bout à bout : **cela formera un seul grand mot.**

	1	16	9	3	15	12	5	18	21
É						●			
E				●					
T								●	
O							●		
N				●					
É		●							
H	●								
L					●				
G								●	
A		●							
H			●						
Q									●

_ E *

* Adjectif qui désigne la manière d'enregistrer l'activité électrique du cerveau, le plus souvent en appliquant des électrodes sur le cuir chevelu !

VUE DE HAUT

Imaginez que vous observez cette forme d'en haut. À laquelle de ces images correspondra-t-elle alors?

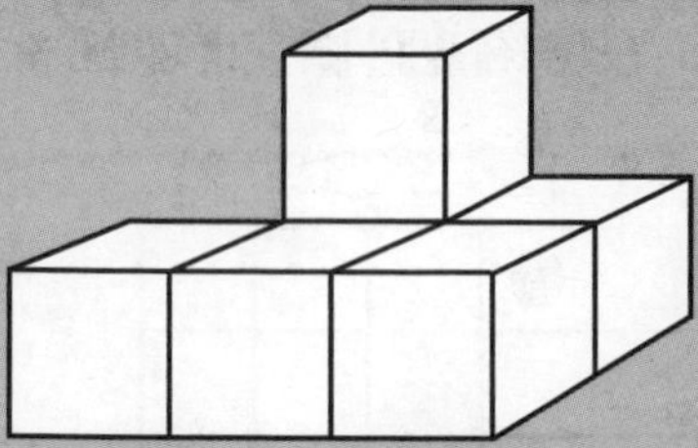

A)

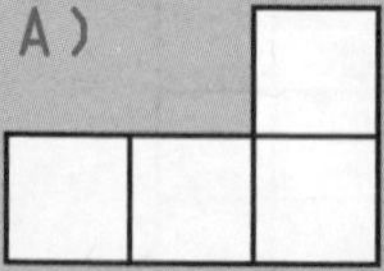

B)

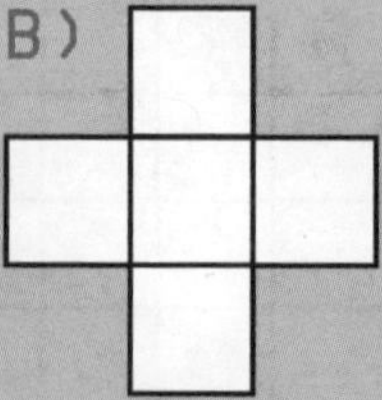

C)

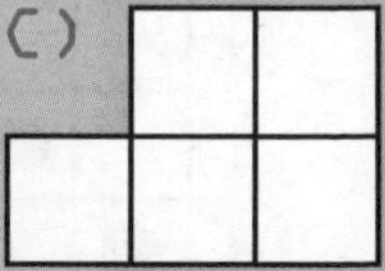

D)

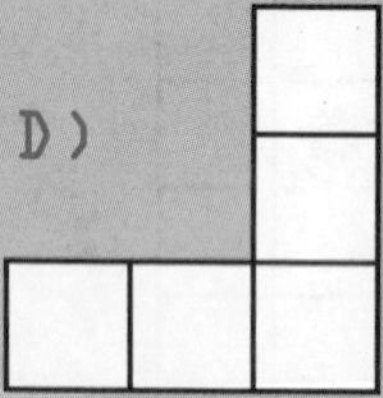

E)

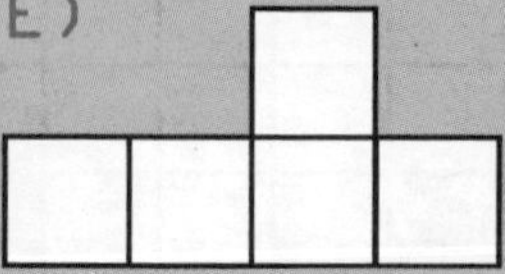

F)

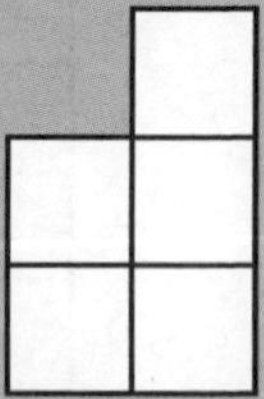

G)

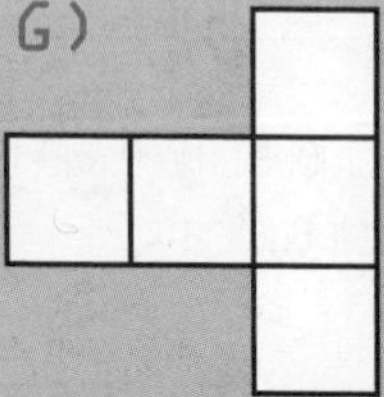

H)

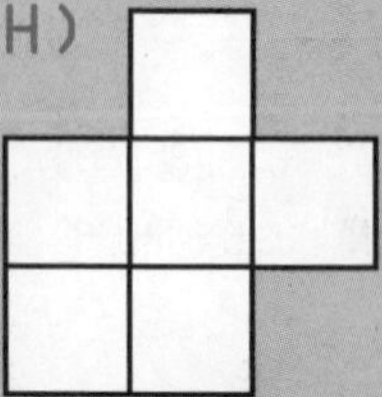

I)

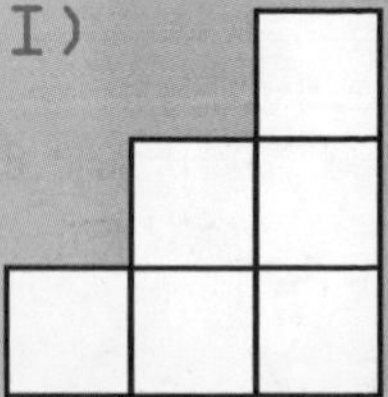

Au suivant !

Trouvez la suite logique de chacun de ces groupes :

1. Matin • Midi • ____________
2. Pouce • Index • ___________
3. 11 h 01 • 12 h 06 • 13 h 11 • __________
4. Mais • ou • et • donc • car • ni • ____
5. Colombie-Britanique • Alberta • Saskatchewan • Manitoba • ____________
6. Roche • Papier • ___________
7. 1/3 • 2/3 • ___
8. Samedi • Vendredi • Jeudi • Mercredi • ____
9. XS • S • M • L • _______
10. Cigale/Fourmi • Lièvre/Tortue • Renard/________

Qui va à la chasse trouve les réponses !

Toutes les réponses à ce chassé-croisé sont dispersées un peu partout dans le livre. Normalement, si vous avez tout bien lu, vous devriez pouvoir les trouver sans avoir à consulter les pages. Bonne chasse !

1. De quel pays le sandwich est-il originaire ?
2. Comment nomme-t-on la première série de **BD** dans ce livre ? **Ah, la** Vie **!**
3. Quelles dents nous permettent de déchiqueter les aliments ?
4. Quel est l'ustensile idéal pour manger vos restants ? Attention, utilisez l'orthographe correcte du mot ! cuithier
5. Dans la suite logique, quel doigt vient avant l'index ?
6. Quel est le nom de la mission à laquelle Julie Payette a participé à bord de la navette **Discovery** en 1999 ? eun ?
7. Quel genre de balai pouvez-vous réaliser avec vos 10 doigts ? un balai-corde !
8. Quel prénom masculin est associé à la curiosité ?
9. Selon une devinette, comment appelle-t-on un porc qui vole ?
10. Pour séduire un garçon, qu'est-ce qu'une fille pourrait raconter afin de détendre l'atmosphère et de le mettre à l'aise ? Des ... blagues
11. Pour charmer une demoiselle, on suggère aux garçons en premier lieu d'avoir de bonnes manières !
12. Selon la chronique **Saviez-vous ça ?**, quel genre de musique peut aider à la digestion si on l'écoute en mangeant ? de la musique calme :)

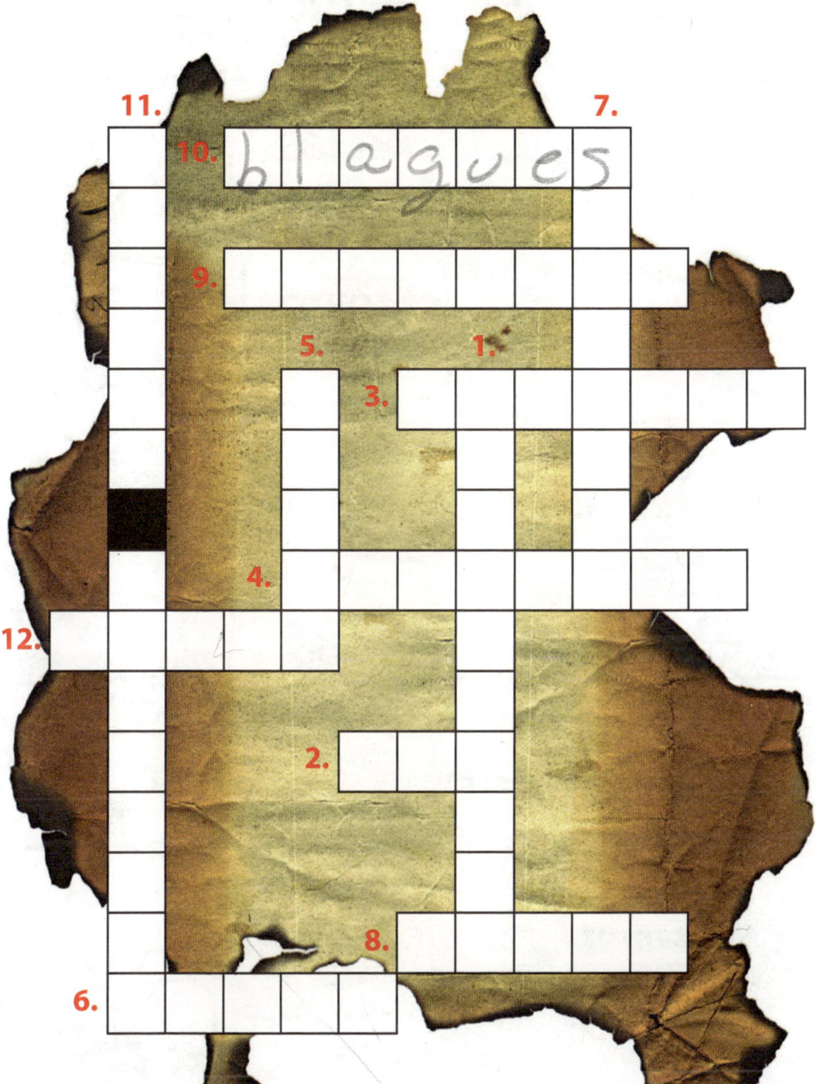
11.
7.
10. blagues
9.
5.
1.
3.
4.
12.
2.
8.
6.

Qu'est-ce qu'on mange ?

Voici une liste d'ingrédients. Un seul d'entre eux ne se retrouve dans aucun des mets présentés. Lequel ?

a) fromage

b) chocolat

c) pâtes

d) sauce brune

e) crème glacée

f) banane

g) cerise

h) avocat

i) crème fouettée

j) maïs

k) tomate

l) patates

AVANT

APRÈS

De son vaisseau spatial, Léon admire l'univers. Il se penche quelques secondes pour croquer dans son sandwich, et quand il se relève, il constate que les objets qu'il voyait se sont déplacés ! L'un d'entre eux a même disparu. Lequel ?

Ma plante de pied doit manquer d'eau parce qu'elle ne pousse pas fort, fort...

AYEZ L'AIR INTELLIGENTS

en connaissant le nom de vos dents!

Parce que nos dents sont indispensables et qu'on les oublie bien trop souvent… à part lorsqu'on tombe de notre vélo et qu'on en perd un morceau… Ouch!

Saviez-vous que les dents nous servent non seulement à manger, mais également à parler ? Comme la langue et les lèvres, ces petits organes durs permettent de prononcer certains sons. Faites le test avec un de vos grands-parents qui porte un dentier : demandez-lui de le retirer et vous verrez qu'il ne pourra pas articuler de la même façon. Voyons plus en détail de quoi est constituée notre superdentition…

A - les incisives

Vous êtes-vous déjà cassé une dent ? C'était sûrement une de ces chères incisives, qu'on appelle communément, au Québec, les « palettes ». Même si elles sont parfois décollées ou un peu trop grandes, les incisives sont essentielles, car elles nous permettent de couper les aliments.

B - les canines

Rassurez-vous : vous n'avez pas de chien dans la bouche ! Ces deux dents pointues se nomment canines, et non caniches ! Leur fonction : déchiqueter les aliments. Ces dents sont les plus coupantes, à cause de leur forme.

C - les prémolaires

Comme leur nom l'indique, elles précèdent les molaires… Fallait y penser ! Elles sont très utiles, car elles amorcent le travail de mastication. Cependant, elles n'ont pas la puissance des molaires, qui doivent leur donner un coup de pouce pour terminer le travail avant que la nourriture soit avalée et se retrouve dans notre tube digestif.

D - les molaires

Elles complètent notre dentition et nous permettent de broyer les aliments. Souvent, les deux dernières molaires doivent être arrachées, car elles n'ont pas assez de place pour pousser. On les appelle aussi les dents de sagesse. Alors si vous n'êtes pas sages, vous savez ce qui vous attend…

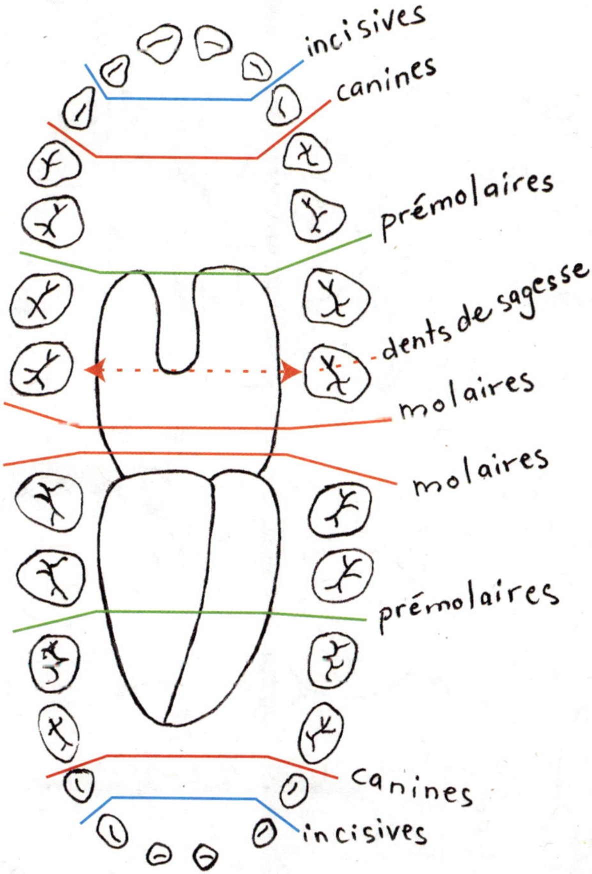
incisives
canines
prémolaires
dents de sagesse
molaires
molaires
prémolaires
canines
incisives

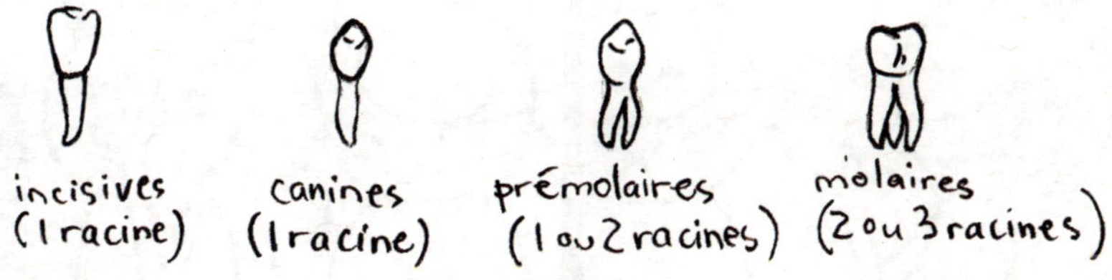
incisives
(1 racine)
canines
(1 racine)
prémolaires
(1 ou 2 racines)
molaires
(2 ou 3 racines)

MUCHO CALOR !

Salut !
Ouf ! Y fait chaud !
Ça n'a pas de bon sens.
Imagine-toi donc qu'au magasin...
... ils ont dit que même les ventilateurs étaient épuisés !

On est près de la fin...
As-tu ton marteau ?
?
C'est le clou du spectacle !

!
Pourquoi te laves-tu les mains comme ça ?
Je dois remettre un document en mains propres.

AUBAINE !

Salut !
Je comprends pas pourquoi on dit que les avocats coûtent cher.
J'arrive tout juste de l'épicerie...
... et j'en ai eu deux pour 1 $!
!

CODE SECRET

EXERCEZ-VOUS À DEVENIR UN AGENT SECRET !

C'est le moment idéal pour tenter de décoder de grands mystères. Vous y avez sans doute déjà secrètement songé, alors tournez la page et saisissez l'occasion rêvée de foncer !

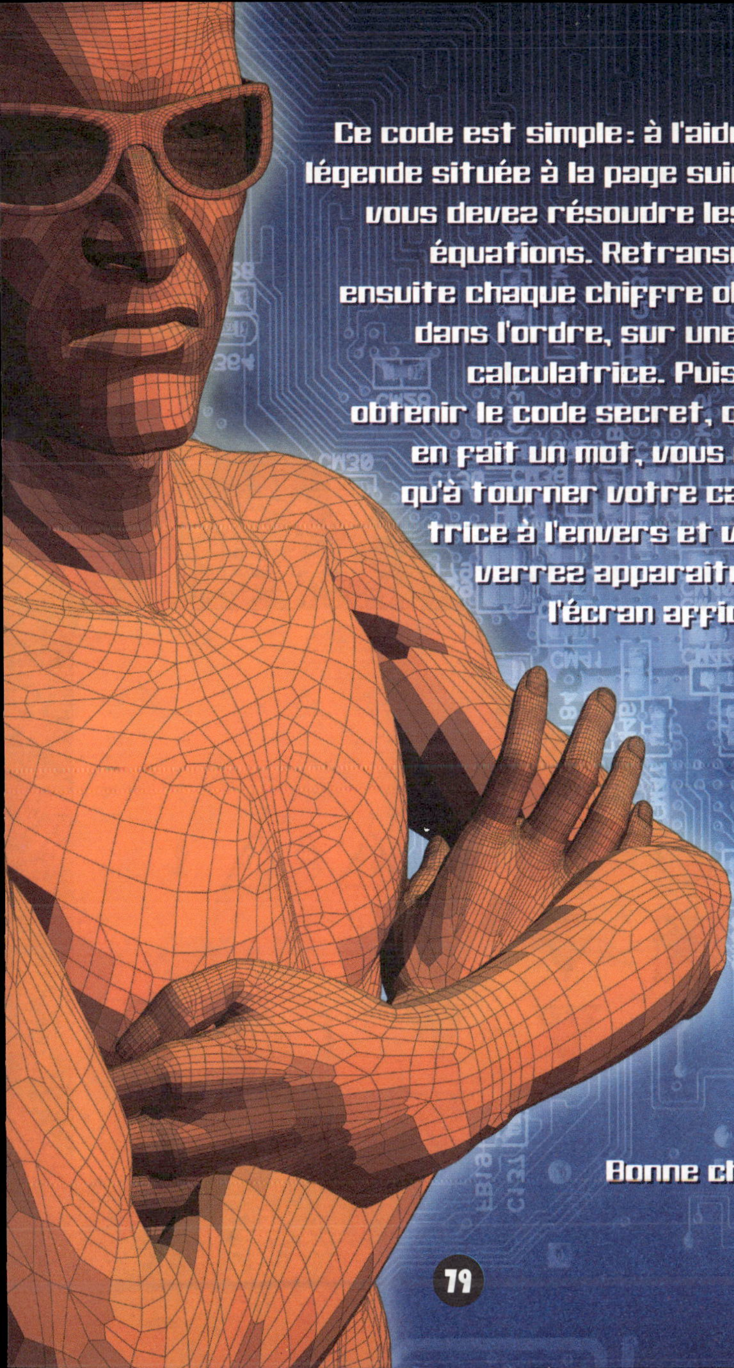

Ce code est simple: à l'aide de la légende située à la page suivante, vous devez résoudre les sept équations. Retranscrivez ensuite chaque chiffre obtenu, dans l'ordre, sur une vraie calculatrice. Puis, pour obtenir le code secret, qui est en fait un mot, vous n'avez qu'à tourner votre calculatrice à l'envers et vous le verrez apparaitre sur l'écran afficheur!

Bonne chance!

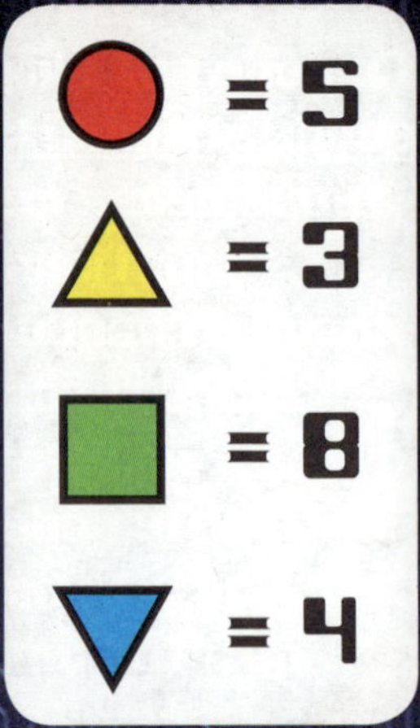
= 5
= 3
= 8
= 4

A : +
B : −
C : − + (+)
D : − +
E : − − x (+)
F : − − +

Code secret

Inscrivez maintenant ce code sur une calculatrice. En la tournant à l'envers, vous pourrez lire un mot sur l'afficheur...

Il ne vous reste plus qu'à attendre le prochain numéro de *Délirons avec Léon* afin de vérifier, à la page des solutions, si vous avez trouvé le bon code secret!

ANNIE GROOVIE À VOTRE ÉCOLE

Cool!

EH OUI, ANNIE GROOVIE FAIT DES TOURNÉES DANS LES ÉCOLES !
VOUS TROUVEREZ TOUTE L'INFORMATION SUR LE SITE INTERNET
WWW.ANNIEGROOVIE.COM

À BIENTÔT PEUT-ÊTRE !

Photo : Dominique Malaterre

Annie Groovie voit le jour le 11 avril 1970, à 19 h 15, en plein souper de cabane à sucre. Elle grandit heureuse et comblée à Québec. Très tôt, elle développe un goût profond pour la création (et pour les sucreries...). Dès l'âge de huit ans, elle remporte son premier concours de dessin, grâce à son originalité.

Annie est diplômée en arts plastiques et bachelière en communications graphiques. Elle exerce le métier de conceptrice publicitaire depuis plusieurs années à Montréal, où elle habite depuis 1994 (eh oui, elle vieillit...).

Annie est une grande adepte de la gymnastique ainsi qu'une mordue de cirque et d'acrobaties de toutes sortes. En 1997, elle est sélectionnée par le Cirque du monde et part trois mois au Chili pour enseigner les arts du cirque aux enfants de la rue.

En 2003, Annie Groovie se découvre une toute nouvelle passion : la création de livres pour enfants. Aujourd'hui, les albums consacrés à son personnage de Léon « roulent » à merveille. Elle a un projet de dessins animés en production, et vous tenez présentement le dix-septième numéro d'une série de livres tout à fait délirants !

Solutions

p. 65 1. soir 2. majeur 3. 14h16 4. or 5. Ontario 6. ciseaux 7. 3/3 = 1 8. mardi 9. XL 10. corbeau

p. 64 - c

p. 34 - la lettre « e »

p. 62 - F

p. 66-67

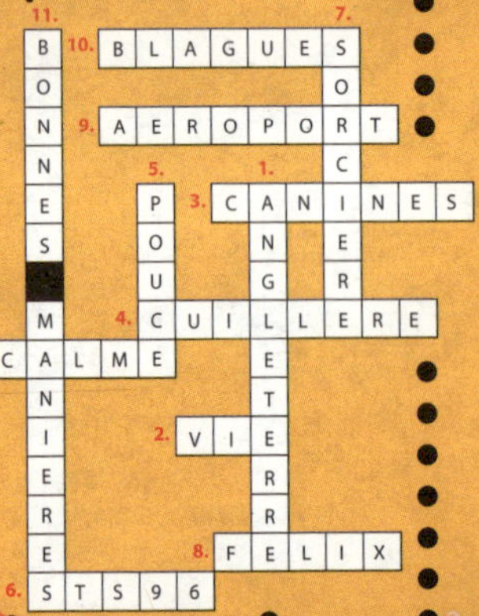

Code secret du nº 16 :
nouvelle année scolaire

p. 68 - maïs

p. 63 ÉLECTROENCÉPHALOGRAPHIQUE

p. 69
L'étoile jaune

Cet automne, retrouvez vos nouveaux héros dans de nouvelles aventures !

L'ingénieuse **Indie Kidd**
de Karen McCombie

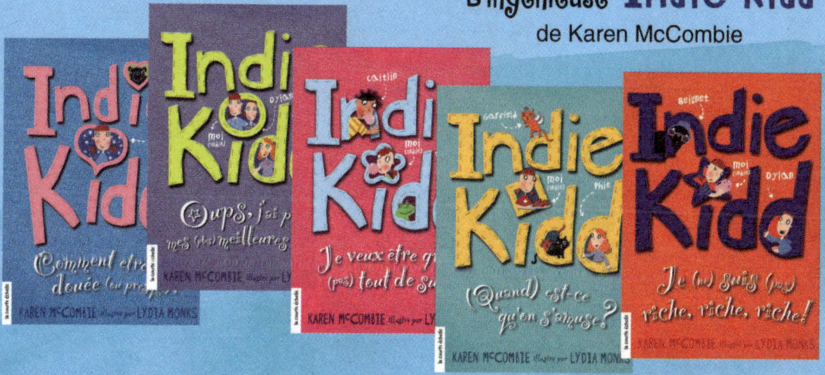

La cocasse Clarice Bean
de Lauren Child

Et les rocambolesques mammouths
de Neal Layton

la courte échelle
www.courteechelle.com

DANS LA MÊME COLLECTION

DÉLIRONS AVEC LÉON

ANNIE GROOVIE PRÉSENTE
DÉLIRONS AVEC Léon!
DES TRUCS TOUJOURS PLUS SURPRENANTS
NUMÉRO 10
Farces
C'est pas sorcier!
Bandes dessinées
Numérologie
la courte échelle

ANNIE GROOVIE PRÉSENTE
DÉLIRONS AVEC Léon!
DES TRUCS COMPLÈTEMENT HILARANTS
NUMÉRO 11
Expérience frappante
Test de connaissances
Métier Super Cool
la courte échelle

ANNIE GROOVIE PRÉSENTE
DÉLIRONS AVEC Léon!
DES TRUCS VRAIMENT INCROYABLES
NUMÉRO 12
Farces
Soyez convaincants
Mon oeil!
Énigmes visuelles
la courte échelle

ANNIE GROOVIE PRÉSENTE
DÉLIRONS AVEC Léon
13
BD, GAGS, JEUX ET PLUS ENCORE!
SPÉCIAL «TREIZE» ÉTRANGE...
la courte échelle

ANNIE GROOVIE PRÉSENTE
DÉLIRONS AVEC Léon
14
BD, GAGS, JEUX ET PLUS ENCORE!
Je suis très bon pour créer...
... surtout des ennuis!
la courte échelle

ANNIE GROOVIE PRÉSENTE
DÉLIRONS AVEC Léon
15
BD, GAGS, JEUX ET PLUS ENCORE!
Tiens, c'est pour souligner ton anniversaire!
la courte échelle

ANNIE GROOVIE PRÉSENTE
DÉLIRONS AVEC Léon
16
BD, GAGS, JEUX ET PLUS ENCORE!
Ah, les vacances! Ça fait du bien de décompresser un peu.
!
la courte échelle

ANNIE GROOVIE PRÉSENTE
DÉLIRONS AVEC Léon
17
BD, GAGS, JEUX ET PLUS ENCORE!
L'amitié, ça se cultive!
?!
la courte échelle

Les éditions de la courte échelle inc.
5243, boul. Saint-Laurent
Montréal (Québec) H2T 1S4
www.courteechelle.com

Conception, direction artistique et illustrations : Annie Groovie
Direction du projet : Amélie Couture-Telmosse
Collaboration au contenu : Amélie Couture-Telmosse, Philippe Daigle, Joëlle Hébert et Jean-Philippe Therrien
Collaboration au design et aux illustrations : Émilie Beaudoin
Collaborateur aux idées BD : Franck Blaess
Révision : André Lambert et Valérie Quintal
Infographie : Nathalie Thomas
Muse : Franck Blaess

Une idée originale d'Annie Groovie

Dépôt légal, 4e trimestre 2008
Bibliothèque nationale du Québec

Copyright © 2008 Les éditions de la courte échelle inc.

La courte échelle reconnaît l'aide financière du gouvernement du Canada par l'entremise du Programme d'aide au développement de l'industrie de l'édition pour ses activités d'édition. La courte échelle est aussi inscrite au programme de subvention globale du Conseil des Arts du Canada et reçoit l'appui du gouvernement du Québec par l'intermédiaire de la SODEC.

La courte échelle bénéficie également du Programme de crédit d'impôt pour l'édition de livres — Gestion SODEC — du gouvernement du Québec.

Catalogage avant publication de Bibliothèque et Archives nationales du Québec et Bibliothèque et Archives Canada

Groovie, Annie

Délirons avec Léon

Pour enfants de 8 ans et plus.

ISBN 978-2-89651-084-9

1. Jeux intellectuels - Ouvrages pour la jeunesse. 2. Jeux-devinettes - Ouvrages pour la jeunesse. 3. Devinettes et énigmes - Ouvrages pour la jeunesse. I. Titre.

GV1493.G76 2007 j793.73 C2006-942113-7

Imprimé en Malaisie